Menschen & Gesichter

Acryl-Malkurs mit Martin Thomas

Inhalt

VORWORT	3
DER MALKURS MIT SYSTEM	4
MATERIALKUNDE UND GRUNDLAGEN	6
Malgründe	6
Vorzeichnen und Malen nach Foto	7
Pinsel	8
Granulieren	9
Acrylfarben	10
Ein Gesicht malen	12
SCHRITT FÜR SCHRITT	16
The Face	16
Galerie	22
Massai	24
Galerie	30
Fashion	32
Galerie	38
Ich kenne keine …	40
Galerie	45
Auge – Nase – Mund	46
Galerie	52
Drei Mönche	54
Galerie	59
Layla	60
Galerie	67
James Dean	68
Galerie	74
SKIZZEN	76
IMPRESSUM	80

Vorwort

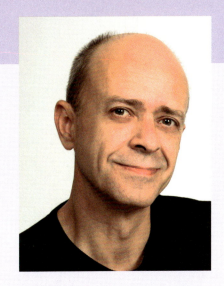

Herzlich willkommen zu „Menschen & Gesichter"!

Nachdem wir in zwei Bänden meiner Reihe „Acrylmalkurs mit Martin Thomas" bereits die Grundlagen geschaffen haben, möchte ich Ihnen diesmal einfache Wege zu einem der spannendsten Themen zeigen. Die Darstellung von Menschen nimmt in der Kunst seit Urzeiten einen wichtigen Platz ein und wird auch in meinen Kursen zunehmend nachgefragt.

Von meinen Kursteilnehmern weiß ich, dass sich die meisten anfangs davor scheuen, Menschen und besonders Gesichter zu malen. Das ist schade, denn es gibt auch für Einsteiger leicht nachvollziehbare Techniken. Einige davon stelle ich Ihnen in diesem Buch vor. Ob Sie mit lockerem Strich einen Massai in der Savanne entstehen lassen, eine pfiffige Modezeichnung entwerfen oder ein Schwarz-Weiß-Porträt eines klassischen Filmidols ausarbeiten – ich führe Sie Schritt für Schritt zu Ihrem persönlichen Bild. Wie immer können Sie mir dabei in bewährter Weise auf der DVD beim Malen über die Schulter schauen.

Tauchen Sie mit mir in die großartige Welt der Malerei von Menschen ein. Ich verspreche Ihnen, der Erfolg wird nicht lange auf sich warten lassen!

Ihr

Martin Thomas

Der Malkurs mit System

„Menschen & Gesichter" stellt eine weitere Etappe Ihrer Reise in die weite Welt der Acrylmalerei dar. Auf dieser Reise können Sie sich Ihre ganz eigene Malkurs-Bibliothek zusammenstellen – mit Sujets und Techniken, die Sie interessieren und an denen Sie arbeiten wollen.

Das vorliegende Buch gehört wie der Aufbaukurs „Blumen & Blüten" zu den Sujetbänden. Auf den folgenden Seiten finden Sie Wissenswertes zum Handwerkszeug: Malgründe, Farben, Pinsel sowie eine kurze Einführung in die Details der Porträtmalerei. Anschließend zeige ich Ihnen Schritt für Schritt verschiedene geeignete Motive sowie die notwendigen Techniken.

Schritt für Schritt

Sie erlernen die Darstellung von Menschen und Gesichtern auf der Basis aktueller Motive, die sicher einen Platz in Ihrer Wohnung finden. Gleichzeitig bringe ich Ihnen das grundsätzlich notwendige Know-how bei, damit Sie genau das auf Leinwand umsetzen können, was Sie möchten – ob Sie sich ein bestimmtes Bild für die Wohnung wünschen oder das Malen als Weg zur Entspannung entdeckt haben. Spielen Sie mit der Farben- und Formenvielfalt, mit Stimmungen, Licht und Schatten; lernen Sie verschiedene Techniken kennen – und schaffen Sie so Ihr ganz eigenes, individuelles Werk!

Galerie – Tipps und Tricks

Die „Galerieseiten" zu jedem vorgestellten Motiv geben Anregungen zum Experimentieren, Ausprobieren und Variieren. Dort finden Sie zusätzlich eine Ideensammlung mit zahlreichen weiteren Motiven sowie Tipps und Hinweisen, die zum Gelingen beitragen.

Schritt für Schritt zum Acrylbild

Auf einen Blick: Motiv, Material und Farben

Die Galerieseiten inspirieren zu vielen weiteren Kreationen.

Internationaler Innovationspreis
für die Reihe „Acryl-Malkurs mit Martin Thomas"

Nicht nur bei den Leserinnen und Lesern kam der Malkurs sehr gut an, auch die Fachbranche ist von der Reihe begeistert. Das Ergebnis:
1. Platz beim internationalen Innovationspreis „Creative Impulse 2006". Aber damit nicht genug! Für den **weltgrößten Simultan-Malkurs** mit über 1000 Teilnehmern in Leipzig gab es den Eintrag in das Guinness-Buch der Rekorde und Platz 2 für die **beste Marketing-Aktion des Jahres**. Und zum krönenden Abschluss wurde Martin Thomas zum **kreativen Kopf des Jahres 2007** gekürt. Herzlichen Glückwunsch, Martin!

Die DVD

Auf der beigelegten DVD können Sie mir beim Malen über die Schulter schauen. Anhand von vier Motiven folgen Sie mir auf dem Weg von der noch leeren Leinwand bis hin zum fertigen Bild – vom Auftragen der ersten Farbschicht bis zum letzten Pinselstrich und Feinschliff. Sie sehen, wie einfach man ein Foto auf den Keilrahmen übertragen kann, Augen, Mund und Nase ausarbeitet und Figuren ganz schnell mit dem Colour shaper gestaltet. Darüber hinaus verrate ich Ihnen jede Menge Profi-Tricks für das Malen von Menschen und Gesichtern.

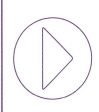 Dieses Zeichen auf den entsprechenden Seiten im Buch weist Sie darauf hin, welche Themen Sie auf der DVD wiederfinden können.

Wissenswertes
- Grundsätzliches zum Malen eines Gesichts
- Der Banjospieler – Menschen mal anders darstellen
- Vom Foto zur Vorzeichnung

Motiv 1: „Green Hair" – Variante zu „The Face"
- Vorzeichnung mit Aquarellstift
- Gesicht mit Indischgelb grundieren
- Nasen- und Kinnpartie mit Orange ausarbeiten
- Weitere Farbflächen ausfüllen
- Augen und Mund anlegen
- Konturen und Iris mit Schwarz gestalten
- Zweiter Farbauftrag für die Lippen
- Weiße Lichtpunkte aufsetzen

Motiv 2: „In der Serengeti" – Variante zu „Massai"
- Gewänder in Orange anlegen
- Zweiter Farbauftrag mit Scharlachrot
- Dritter Farbauftrag mit Karminrot
- Köpfe, Arme und Beine gestalten
- Schirmakazie und Gräser einziehen
- Speere mit dem Spitzpinsel einfügen
- Goldene Akzente setzen

Motiv 4: „Audrey Hepburn" – Variante zu „James Dean"
- Augenpartie, Nase und Mund anlegen
- Erste Lichtreflexe und Schattierungen
- Pullover mit zwei Pinseln gestalten
- Gesicht bzw. Kopf zart abschattieren
- Haare formen und ausarbeiten
- Letzte Schatten betonen, Ohrring vorbereiten
- Mit dem Spitzpinsel weiße Highlights setzen
- Hintergrund in zartem Grau einfärben

Motiv 3: „Am Strand" – „Fashion" variiert
- Vorskizzierte Linien mit Filzstift nachziehen
- Flächen mit Hautton anlegen
- Schatten in Granuliertechnik
- Stoff zweifarbig ausarbeiten
- Mit Schwarz hauchzarte Schatten gestalten
- Details und letzte Korrekturen mit dem Spitzpinsel
- Sparsames Kolorieren des Hintergrunds

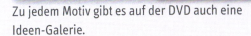
Zu jedem Motiv gibt es auf der DVD auch eine Ideen-Galerie.

Materialkunde und Grundlagen

MALGRÜNDE

Acrylfarben können aufgrund ihrer guten Haftung auf zahlreichen Untergründen wie Papier, Karton, Holz, Pappe, Spanplatte und Leinwand verarbeitet werden. Allerdings muss der Untergrund unbedingt fettfrei sein. Für die Motive im vorliegenden Buch habe ich ausschließlich den gebräuchlichsten Malgrund, nämlich fertig bespannte Keilrahmen, verwendet.

Keilrahmen

Die Bezeichnung Keilrahmen kommt von den Holzkeilen, mit denen das Maltuch (Leinwand) gespannt wird. Fertige Keilrahmen sind meist mit einem strapazierfähigen Baumwollgewebe mittelstarker Struktur bezogen. Sie sollten möglichst rückseitig geklammert sein, sodass die Keilrahmenseiten in die Bemalung mit einbezogen werden können. Damit hat man mehr Gestaltungsmöglichkeiten.
Keilrahmen erhalten Sie in den unterschiedlichsten Bespannungen und Stärken. Neben den üblichen Keilrahmen mit einer Rahmenstärke von 20 Millimeter und einem Tuchgewicht von 300 g/m² gibt es Galerie- oder Vernissagerahmen. Diese haben eine Rahmenstärke von 38 bis 50 Millimeter. Bei diesen Rahmen können Sie die Kanten in die Bildgestaltung einbeziehen und benötigen daher keinen Bilderrahmen für Ihr Werk. Alle Fertigkeilrahmen sind normalerweise bereits gebrauchsfertig mit einem sogenannten Gesso-Weiß grundiert.

Naturleinwand

Seit einiger Zeit gibt es Keilrahmen, die mit 100% Leinen bespannt sind. Diese Untergründe eignen sich gerade für die Malerei von Menschen und Gesichtern besonders gut, wie Sie auf Seite 58ff. sehen können. Wenn Sie die Leinwand in Ihre Bildkomposition mit einbeziehen, brauchen Sie den Hintergrund nicht mehr zu grundieren.

Wie schnell und schwungvoll Menschen in Bewegung mit dem Colour shaper entstehen, können Sie auf der DVD verfolgen.

VORZEICHNEN UND MALEN NACH FOTO

Viele Bilder beginnen mit einer Vorzeichnung und der Übertragung auf die Leinwand. Wie Sie ein Foto mit dem Beamer ganz einfach übertragen können, zeige ich Ihnen auf der DVD. Genauso gut klappt es auch mit einem Diaprojektor oder – sofern vorhanden – mit einem Episkop. Speziell für das Thema Fashion möchte ich Ihnen hier noch eine andere Technik vorstellen.

Vom Foto zur Modezeichnung

Am Anfang steht das Originalfoto, das Sie zum besseren Bearbeiten entweder im Copyshop oder mit einer entsprechenden Software auf dem PC vergrößern.

Im nächsten Schritt legen Sie mit einem feinen schwarzen Filzstift probehalber die Konturen für Ihre Modezeichnung an. Arbeiten Sie dabei bitte nicht zu exakt, da der Effekt von sogenannten Overshot-Linien (das sind sich überkreuzende Linien beim schnellen Zeichnen) dargestellt werden soll.

Auf dieser Basis können Sie nun mit einem Aquarellstift die Strichzeichnung auf Ihre Leinwand übertragen. Diese Vorzeichnung malen Sie mit einem edding paint marker oder einem anderen feinen, lichtbeständigen und wasserfesten Filzstift in Schwarz mit flotten Strichen nach und schon haben Sie die Grundlage für Ihr eigenes Fashionbild geschaffen!

Auf den Seiten 76 bis 79 finden Sie meine Skizzen zu einigen der vorgestellten Bilder. Für den Fall, dass Sie lieber eine Skizze verwenden statt frei vorzuzeichnen, können Sie beispielsweise mit der Rastertechnik arbeiten. Bei der freien Übertragung auf Leinwand rate ich Ihnen, sich auf das Wesentliche im Bild zu beschränken und Details einfach wegzulassen.

Materialkunde und Grundlagen

PINSEL

Auf dieser Seite möchte ich Ihnen die im Buch benutzten Pinsel vorstellen. Ganz wichtig: Pinsel ist nicht gleich Pinsel! Für ein gutes Ergebnis sind nach wie vor die verwendeten Materialien, die Form und die Qualität ausschlaggebend.
So kann z. B. ein Fächerpinsel aus Borste, mit dem Sie die schönsten Strukturen und Gräser malen, in der Ausführung mit Synthetikhaar für die Acrylmalerei vollkommen nutzlos sein. Die feinen Haare des synthetischen Pinsels verkleben nämlich durch die Acrylfarbe miteinander und Sie können damit keine Struktur mehr erzielen. Noch ein Beispiel: Im Gegensatz zum Fächerpinsel aus Synthetikhaar eignet sich ein Spitzpinsel aus eben diesem Material bestens dafür, um feinste Details in Acrylfarbe zu gestalten. Daher empfehle ich Ihnen zumindest am Anfang, die von mir bei jedem Motiv angegebenen Pinsel einzusetzen.

Katzenzungenpinsel synthetisch

Dieser Pinsel eignet sich für fast alle Arbeiten. Ich benutze ihn beispielsweise für exakte Kanten wie beim Thema „Drei Mönche" (Seite 54ff.). Durch das Synthetikhaar behält dieser Pinsel beim Malen sehr schön die Form.

Katzenzungenpinsel Borste

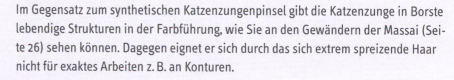

Im Gegensatz zum synthetischen Katzenzungenpinsel gibt die Katzenzunge in Borste lebendige Strukturen in der Farbführung, wie Sie an den Gewändern der Massai (Seite 26) sehen können. Dagegen eignet er sich durch das sich extrem spreizende Haar nicht für exaktes Arbeiten z. B. an Konturen.

Spitzpinsel synthetisch

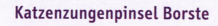

Ich persönlich bevorzuge einen 8er Spitzpinsel aus Synthetikhaar. Er eignet sich sehr gut für mittelbreite Striche und feine Details. Damit die Farbe besser über die Pinselspitze läuft, verdünne ich sie meistens mit etwas Wasser.

Flachpinsel synthetisch

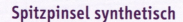

Ein Pinsel für großflächige Farbaufträge, der vor allem in der abstrakten Malerei beliebt ist. In diesem Band setze ich ihn jedoch auch für das Anlegen von Linien ein, die überall gleich breit sein sollen wie bei „The Face" (Seite 24ff.).

Großer runder oder ovaler Borstenpinsel

Mein erklärter Lieblingspinsel für das großzügige Auffüllen von Flächen, aber auch für zarte Verläufe und sogar exakte Kanten. Falls Sie die runde Form besitzen, brauchen Sie nur ein wenig Geduld, bis er so weit ist. Denn durch die Abnutzung wird auch dieser Pinsel im Lauf der Zeit oval und immer genauer.

GRANULIEREN

Hier möchte ich Ihnen eine meiner Lieblingstechniken beim Malen präsentieren: das Granulieren. Diese Technik des trockenen Pinsels begegnet Ihnen immer wieder sowohl in meinen Büchern als auch auf den DVDs. Dabei arbeitet man mit einem Minimum an Farbe auf dem Pinsel, um darunter liegende – ebenfalls trockene – Farbschichten oder die unbemalte Leinwand teilweise zu überdecken. Auf diese Weise erhält man z. B. realistische Porträts wie bei „James Dean" (Seite 68ff.) oder wunderschöne Verläufe wie bei „Layla" (Seite 60ff.).

Zum Granulieren eignen sich besonders die folgenden Pinsel, mit denen Sie unterschiedliche Ergebnisse erzielen können. Ausschlaggebend für ein gutes Ergebnis ist jedoch bei allen Pinselsorten, dass Sie lediglich mit einem Hauch an Farbe arbeiten. Dazu nehmen Sie ganz wenig Farbe auf und reiben dann den Pinsel an einem Mallappen, an der Malschürze oder an einem Küchenkrepp trocken.

Mit dem großen runden oder ovalen Borstenpinsel granulieren

Für Verläufe in Granuliertechnik ist dieser Pinsel mein Favorit. Denken Sie daran: je größer der Pinsel, desto zarter und feiner wird der Verlauf! Hier reiben Sie den Verlauf wie bei einem Schminkpinsel ganz locker aus dem Handgelenk mit sehr wenig Farbe und wenig Druck hinein. Entsprechend zart verteilen sich die Farbpigmente auf der Leinwandstruktur.

Mit dem Katzenzungenpinsel granulieren

Hier sehen Sie einen Farbverlauf von Orangerot bis Gelb, den ich mit dem synthetischen Katzenzungenpinsel erzeugt habe. Dafür legen Sie den Pinsel sehr flach auf und reiben mit kurzen Bewegungen und wenig Farbe über die Leinwand. Da beim Verlauf nur die obere Kante des Gewebes Farbpigmente erhält, kommt die Struktur der Leinwand entsprechend kräftiger heraus.

Mit dem Fächerpinsel granulieren

Für kleine Verlaufsflächen setze ich hin und wieder einen Fächerpinsel in Borste ein. Da dieser Pinsel weniger Haare hat als die beiden vorangegangenen, erzeugt er markantere Strukturen.
Eine spezielle Art der Granulierung mit dem Fächerpinsel benutze ich für Laub und Gräser. Dabei stoße ich den Pinsel mit feinem Farbauftrag auf den Spitzen in einem 45°-Winkel in die Leinwand. Die Haare spreizen sich und es entsteht eine grasähnliche Struktur wie beim Thema „Massai" (Seite 24ff.).

Materialkunde und Grundlagen

ACRYLFARBEN

Acrylfarben können innerhalb der Malerei vielseitig eingesetzt werden. Im Gegensatz zur Ölfarbe sind sie geruchsneutral. Die mit Wasser verdünnbaren Kunststofffarben trocknen schnell und sind im getrockneten Zustand wasserfest. Eine zusätzliche Lackierung ist nicht nötig. Solange sie noch feucht sind, können sie mit Wasser und evtl. etwas Seife entfernt werden. Deshalb sollten Malgeräte in Wasser gereinigt werden, bevor die Farbe angetrocknet ist. Sie erhalten Acrylfarben in verschiedenen Qualitäten, die ich Ihnen hier kurz vorstelle.

Acrylfarben in Künstlerqualität

Professionelle Acrylfarben werden so aufwendig und qualitativ hochwertig produziert, dass sie sich in Brillanz und Vermalbarkeit fast nicht von einer Ölfarbe unterscheiden.

Akademie- und Studienqualitäten

Diese Farben werden für großflächige Arbeiten, Untermalungen und Spachteltechniken benutzt. Sie verfügen über eine hohe Brillanz, haben aber im Gegensatz zu professionellen Farben eine nicht so hohe Pigmentdichte. Da diese Farben jedoch zu sehr attraktiven Preisen angeboten werden, sind sie die meist verwendete Farbgruppe. Auch in diesem Buch werden sie bei den meisten Arbeiten eingesetzt.

Hobby-Acrylfarben

Diese Farben besitzen meist keine hohe Pigmentdichte und sind oft mit weißen Pigmentanteilen untermischt. Daher fehlt ihnen in der Regel die Brillanz. Häufig sind auch Füllstoffe enthalten, die zu einem niedrigeren Deckungsgrad führen. Für das Malen auf Leinwand sind sie weniger gut geeignet.

Hersteller und ihre Farben

FARBE	SCHMINCKE	TALENS	NERCHAU	LUKAS	REEVES	AQUATEC STUDIO
Titanweiß	x	x	x	x	x	x
Neapelgelb	x	x	Neapelgelb dunkel ▾	x	x	–
Hautton	x	–	–	Hautfarbe	Portrait Rosa	x (etwas rötlicher)
Sandton	Sand	–	–	Sand	Sand	–
Lichter Ocker	x	Gelber Ocker	x	x	Ockergelb	x
Kadmiumgelb	Kadmiumgelbton	Azogelb zitron	Echtgelb dunkel ▾	x	Mittelgelb	x
Indischgelb	x	Azogelb	x	x	Dunkelgelb	x
Orange	x	Azo-Orange	Permanentorange ▾	Kadmiumorange	x	x
Scharlachrot	Zinnoberrot	Naphtholrot mittel	Kadmiumrot hell ▾	Zinnoberrot	Zinnoberrot	Kadmiumrot
Magentarot	Magenta	–	x	Magenta (Primär-Rot)	–	Krapprot
Karminrot	x	x	x	x	Brillantrot	Karmesinrot, etwas dunkler
Krapprot dunkel	Krapp dunkel ▾	Perm. Krapplack	Krapprot	Krapplack	Krapplack Rosa	Karmesinrot, etwas heller
Terrakotta	x	Englischrot	Terra di Siena gebrannt	x	x	Englischrot
Vandyckbraun	x	x	Van Dyck Braun ▾	Umbra gebrannt	Umbra Natur	Umbra gebrannt
Coelinblau	x	alternativ Brillantblau	x	x	x	x
Primärblau	–	Primärcyan	–	Cyan (Primär-Blau)	–	Königsblau
Kobaltblau	Kobaltblauton dunkel	x	x	x	x	x
Preußischblau	x ▾	x	x ▾	x	x	x
Ultramarinblau	x	x (rötlicher)	x	x	x	x
Violett	Brillantviolett	Permanent blauviolett	Violett	Permanentviolett	x	x
Phthaloblau	x	x	x	x	x	x
Phthalogrün bläulich	x ▾	–	Phthalogrün	Chromoxidgrün feurig	Chromoxidgrün feurig	Phthalogrün
Türkis	x	–	Kobalttürkis ▾	x	–	–
Maigrün	x	Gelbgrün	–	Chromgrün hell	Hellgrün	x
Laubgrün	x	Permanentgrün dunkel	Permanentgrün dunkel	Permanentgrün hell	Grasgrün	Chromoxidgrün
Paynesgrau	x ▾	x	Paynesgrey	x	Paynesgrey	Paynes Grau
Schwarz	Lampenschwarz	Oxidschwarz	Schwarz	Eisenoxid-schwarz	Marsschwarz	Marsschwarz
Gold	x	Goldfarbe	Perlgold ▾	x	Metallicgold	x

Künstlerfarben sind in den Farbwerten nicht genormt. Ein Farbton kann je nach Hersteller unterschiedliche Nuancen aufweisen. Die oben stehende Liste der Farben, die wir bei den vorgestellten Bildern verwenden, hilft Ihnen beim Einkauf, den richtigen Farbton (und mögliche Ausweichprodukte) zu finden.

Ich habe vor allem Studienqualitäten aufgelistet. Künstlerqualitäten wie z. B. PRIMAcryl von Schmincke, LUKASCRYL liquid/pastos von Lukas oder Rubens Premia von Nerchau sind durch ▾ gekennzeichnet. Die Farbnamen und das Farbprogramm können sich im Lauf der Zeit ändern.

Materialkunde und Grundlagen

EIN GESICHT MALEN

In einem Buch über die Darstellung von Menschen darf natürlich das Thema Details beim Malen eines Gesichts, also Mund, Augen, Nase, Ohren und Haare nicht fehlen. Anhand einiger Beispiele zeige ich Ihnen, worauf Sie achten müssen. Wenn Sie diese Grundlagen beherzigen, fällt es Ihnen nicht schwer, eigene Motive zu entwickeln.
Für die folgenden Skizzen benötigen Sie einen 10er Katzenzungenpinsel, einen 8er Spitzpinsel sowie die Farben Titanweiß und Schwarz.

Die Augen

Nichts verändert ein Gesicht so sehr wie die Augenpartie. Das haben Sie sicherlich schon mal beim Entstehen eines Phantombildes gesehen. Schenken Sie daher den Augen besondere Beachtung und versuchen Sie, diese so exakt wie möglich auszuarbeiten. Wenn Sie Ihr Gegenüber genau betrachten, fällt Ihnen auf, dass Augen selten die gleiche Größe oder Form haben. Diese Tatsache ist für eine realistische Darstellung ebenso wichtig wie der Blick.

Noch ein Tipp: Ich habe die abgebildeten Augen in einer Mischung aus fettem Farbauftrag und wässrig lasierend ausgearbeitet.

Mürrischer Blick
Die Lider sind hier bewusst schräg nach oben gezogen. Gleichzeitig fallen die Augenbrauen im gleichen Winkel nach unten ab. So erreiche ich einen eindringlich beobachtenden oder mürrischen Blick.

Interessierter Blick
Die Lidpartie spielt bei diesem Blick nur eine untergeordnete Rolle. Um ihn etwas zu verstärken, habe ich in die Pupillen und in die Iris jeweils einen weißen Lichtpunkt gesetzt. Die Augen stehen hier nicht mehr in der Waagerechten, sondern fallen leicht v-förmig zum Nasenrücken ab.

Neutraler Blick
Hier scheint der Blick durch den Betrachter hindurchzugehen. Die Augen sind mandelförmig und die Augenbrauen sowie die Lider sind nicht mehr in einem steilen Winkel wie beim oben stehenden Bild angelegt.

Trauriger Blick
Im Gegensatz zum mürrischen Blick sind hier die Augen etwas weiter geöffnet. Die Augenbrauen werden nicht steil nach unten gezogen und das Lid läuft etwas weicher über die Augen.

Die Nase

Da Sie üblicherweise mit dem Malen der Augen beginnen und dann die Nase dazusetzen, habe ich zwei Kombinationen von Augen und Nase für Sie gemalt. Die Schwierigkeit beim Malen der Nase liegt im sanften Ausgranulieren des Nasenrückens, ohne die Nase zu umranden.

Je nach Perspektive fällt das Malen der Nase leichter oder schwerer. Für den Einstieg empfehle ich Ihnen, ein Gesicht in der Frontale zu wählen. Die halbseitliche Perspektive verlangt nämlich einiges an Übung im Anlegen von Schatten.

Augen und Nase von vorn
Im ersten Schritt haben Sie die Augenpartie angelegt. Jetzt granulieren Sie mit dem Katzenzungenpinsel sehr trocken den Nasenrücken aus. Beachten Sie dabei, dass die Länge der Nase ungefähr der zwei- bis zweieinhalbfachen Höhe der Augen entspricht. Für die Nasenlöcher verwenden Sie den Spitzpinsel. Nach dem Trocknen granulieren Sie vorsichtig die Unterseite der Nase in einem leichten Bogen aus. Zum Schluss formen Sie – ebenfalls in Granuliertechnik – die Nasenflügel aus.

Augen und Nase von der Seite
Ein seitlicher Blick verlangt, dass der Schatten der Nase ins Gesicht fällt. In diesem Fall kommt das Licht von rechts. Daher granulieren Sie die rechte Seite zart in einigem Abstand zum Nasenrücken von der Augenpartie herkommend heraus. Die Nasenlöcher dominieren hier weniger als im vorangegangenen Bild.

Auch bei Martins zahlreichen Vorführungen auf Messen und im Fachhandel ist das Thema „Menschen & Gesichter" sehr beliebt.

Materialkunde und Grundlagen

Der Mund

Die richtige Vorgehensweise beim Malen dieses wichtigen Details möchte ich Ihnen an drei Beispielen erklären. Dabei gehe ich immer von derselben Grundform aus.

Anmutig lächelnd

Leicht geöffnet und mit blitzenden Zähnen habe ich diesen Mund ausgearbeitet. Achten Sie darauf, dass die Enden der Lippen spitzer auslaufen, da sich beim Lächeln die Mundwinkel weiter nach hinten ziehen. Die Zähne werden in den Winkeln abschattiert und mit der Spitze des Katzenzungenpinsels lassen Sie ganz zart einige Fältchen auf den Lippen entstehen.

Schmollend

Hier habe ich den Mund geschlossen, der Winkel der Oberlippe zieht sich am Ende leicht schräg nach unten. Dadurch entsteht der berüchtigte Schmollmund. Sobald Sie den Winkel der Oberlippe verändern, erhalten Sie einen lächelnden Mund.

Neutraler Kussmund

Wenn Sie die Mittellinie beim Schmollmund waagerecht ausführen, erhalten Sie einen sehr schön geformten Kussmund. Die Unterlippe sollte dabei sehr schnell und steil in einem kleinen Bogen nach unten abfallen. Für die Lichter auf den Lippen lassen Sie in diesem Fall einfach das Weiß der Leinwand stehen.

Die Ohren

Um das Gesicht abzurunden, habe ich zwei verschiedene Ansichten eines Ohrs gemalt: einmal aus der Frontalen und einmal aus einer Halbschrägen.

Ohr von vorn

Für die Darstellung der gewundenen Form des Ohrs aus der Frontalen brauchen Sie zwei wichtige Schattierungen. Die erste verläuft im oberen Bereich als harte Kante, die langsam zum Ohrmittelpunkt hin ausläuft. Und damit das Ohr insgesamt plastischer erscheint, schattieren Sie es wie abgebildet am Ohrläppchen und an der Außenkante leicht ab.

Ohr von der Seite

Hier zieht sich die Schattierung fast durchgehend an der Innenkante des Ohrs entlang. Genau wie beim vorangegangenen Ohr wird im Nachhinein die Außenkante noch etwas abschattiert.

Die Haare

Glatte Haare zu malen, das fällt den meisten in der Regel nicht schwer. Anders sieht es bei lockigem Haar aus. Die folgenden Beispiele zeigen anschaulich, wie Sie Haare und Haarstrukturen lebendig aufbauen können.

Glatte Haare
Auch glatte Haare lassen sich aufpeppen. Arbeiten Sie dafür die Spitzen sowie diverse Lichter zusätzlich aus.

Haarsträhnen
Keinesfalls dürfen Haarsträhnen einfach als Linie herabgezogen werden! Hier sehen Sie, wie es richtig ist.

Locken
Locken sind am schwierigsten zu malen. Hier kommt es auf das Spiel mit Licht und Schatten an. Lassen Sie sich Zeit und arbeiten Sie jede einzelne Locke exakt unter Beachtung des Lichts aus. So werden Sie die besten Ergebnisse erreichen.

Als Erstes malen Sie die Grundform der Locke. Dafür verdünnen Sie Schwarz mit viel Wasser.

Als Erstes gestalten Sie die Haare mit dem Katzenzungenpinsel in Laufrichtung zum Scheitel hin.

Zuerst legen Sie eine Grundsträhne in kräftigem Schwarz an, die Sie zum Ende hin im Bogen spitz auslaufen lassen.

Nach dem Trocknen legen Sie zusätzlich einen zarten Hauch Schwarz auf und lassen ihn mit dem Spitzpinsel in die Haarspitzen auslaufen.

Damit die Haare an den Enden und der Oberfläche nicht langweilig wirken, malen Sie mit dem Spitzpinsel einige zarte, spitz auslaufende Linien. Um Lebendigkeit zu erzeugen, lassen Sie außerdem einige Haare wie abgebildet in einem leichten Weißton stehen.

Im zweiten Schritt lassen Sie einige feine Härchen aus dieser Strähne heraus spitz auslaufend stehen. Dafür verwenden Sie den Spitzpinsel. Durch diese Technik erscheint die Strähne viel lebendiger.

Der letzte Arbeitsschritt gilt Licht und Schatten. Mit etwas Schwarz auf dem Spitzpinsel verstärken Sie die dunklen Bereiche der Haare. Zum Abschluss setzen Sie noch einige Glanzlichter in Titanweiß auf. Fertig!

The Face

DIE Gesichter von Picasso und einigen Pop-Art-Künstlern faszinieren mich seit Langem und brachten mich auf die Idee, beide Stile in neuer Art zu kombinieren. Das Motiv ist nicht nur sehr dekorativ, sondern auch ganz schnell und einfach zu malen. So kommt auch ein Anfänger in der Acrylmalerei quasi im Handumdrehen zu einem tollen Ergebnis. Ein weiterer Vorteil: Hier können Sie die Farben nach Belieben kombinieren.

Lernziele

Glattes Ausmalen von Flächen

Großflächige Verläufe

Konturen mit dem Flachpinsel gestalten

Lichtreflexe setzen

Material

Keilrahmen, mind. 60 cm x 80 cm

Aquarellstift in Violett oder Grau

10er Katzenzungenpinsel, synthetisch

10er Flachpinsel, synthetisch

Großer runder oder ovaler Borstenpinsel

Farben

 Titanweiß

 Preußischblau

 Kadmiumgelb

 Violett

  Orange

  Maigrün

 Scharlachrot

 Schwarz

The Face

1 Zuerst zeichnen Sie das Gesicht mit dem Aquarellstift auf die Leinwand. Die Skizze dazu finden Sie auf Seite 76.

2 In einer Mischung aus Titanweiß und etwas Violett färben Sie die Grundfläche des Gesichts ein. Achten Sie beim Mischen der Farbe darauf, dass Sie wie immer den dunkleren Farbton (hier Violett) vorsichtig der helleren Farbe (hier Titanweiß) hinzugeben.

3 Nach einer Trockenpause von ungefähr 20 Minuten formen Sie nun mit reinem Violett den Nasenrücken aus. Dabei lassen Sie – wie abgebildet – die Farbe nach außen verlaufen.

4 Während der violette Farbauftrag trocknet, malen Sie die beiden Flächen links und recht des Gesichts mit Kadmiumgelb.

5 Anschließend füllen Sie die restlichen bogenförmigen Flächen mit Preußischblau, Scharlachrot und Orange auf. Achtung: Die Fläche rechts unten bleibt noch frei!

6 Jetzt können die äußeren Bereiche trocknen und Sie formen die Iris in Maigrün aus. Auch der letzte fehlende Bogen wird mit diesem Farbton ausgefüllt.

7 Im nächsten Schritt wenden Sie sich den Lippen zu und gestalten diese mit Scharlachrot.

The Face

ZWISCHENBILANZ So sollte Ihr Bild nun ungefähr aussehen. Ich bin sicher, Sie stimmen mir spätestens jetzt zu: Bis hierhin war es kein Hexenwerk, das Gesicht zu malen.

8 Mit dem Katzenzungenpinsel gestalten Sie dann in einer Mischung aus Maigrün und ein wenig Preußischblau die Struktur der Iris.

KONTUREN Es ist normalerweise nicht ganz leicht, zwei nebeneinander liegende Farbflächen sauber abzugrenzen. Anders bei Arbeiten, die dunkel umrandet werden. Hier sind die Übergänge leicht zu bewerkstelligen, da die dunklen Konturen die Kanten sauber abdecken.

9 Die Umrisse betonen Sie mit dem Flachpinsel in Schwarz. Dazu verdünnen Sie die Farbe mit etwas Wasser. Auch die Pupillen werden damit komplett ausgemalt.

10 Damit die Augen noch besser zur Geltung kommen, setzen Sie zum Schluss jeweils am äußeren Rand der Pupille einen Lichtpunkt mit Titanweiß auf.

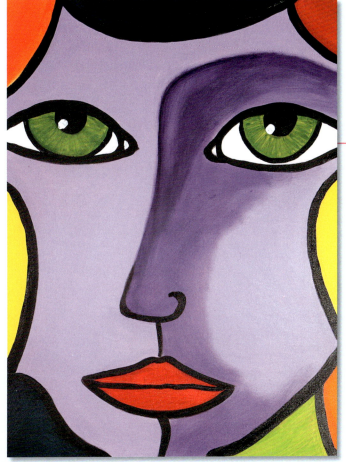

So könnte auch Ihnen bald „The Face" sanft entgegenblicken. Sie bevorzugen einen anderen Gesichtsausdruck? Dann schauen Sie doch mal in die Galerie. Dort zeige ich Ihnen unterschiedliche Möglichkeiten.

Galerie

„The Face" ist ein Motiv, das sowohl alleine ganz toll zur Geltung kommt als auch in Gesellschaft. Hier einige Anregungen, die Sie nach Belieben verändern können. Wählen Sie einfach Ihren Lieblingsgesichtsausdruck und Ihre Lieblingsfarben und kombinieren Sie nach Herzenslust.

YELLOW Große blaue Augen, die über die Leinwandbegrenzung hinausgehen, ziehen den Blick des Betrachters magisch an.

BLUE Für diese kühl wirkende Variante wählte ich Coelinblau als Grundfarbe, das ich mit Preußischblau abschattiert habe.

KONTUREN IN SCHWARZ Bei stilisierten Arbeiten können Sie die Umrandungen, die normalerweise mit schwarzer Acrylfarbe gemalt werden, auch mit einem wasserfesten und lichtbeständigen schwarzen Marker nachziehen.

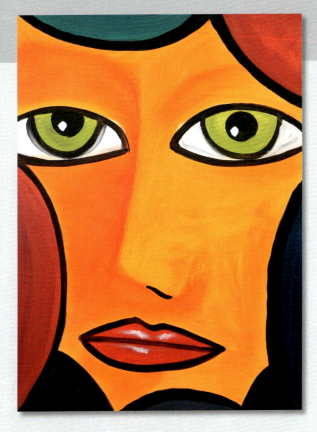

ORANGE Etwas Gloss auf den Lippen (hier Titanweiß) verleiht dem Gesicht in Indischgelb einen gewissen Pfiff.

GREEN HAIR Wie diese freundlich aussehende Variante entstanden ist, können Sie minutiös auf der DVD verfolgen. Die Skizze dazu finden Sie auf Seite 76.

GREEN Eine schnippisch und arrogant wirkende Version: spitze Nase, strenger Blick. Hier dominieren Maigrün und Phthalogrün bläulich.

Massai

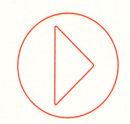

FLIRRENDE Hitze über der Serengeti und stolze Massai, die mit ihren Rinderherden und ihren roten Gewändern einen spektakulären Kontrast zur Landschaft bieten. Mit diesem Motiv möchte ich Ihnen zeigen, wie einfach es ist, frei aus dem Handgelenk zu malen.
Trauen Sie sich, das Ergebnis wird Sie begeistern! So können Sie auch andere Völker dieser Erde auf der Leinwand festhalten.

Lernziele

Freies Malen ohne Vorzeichnung

Mit einfachen Mitteln Gliedmaßen ausformen

Farbe schwungvoll auslaufen lassen

Erzeugen von Aha-Effekten

Material

Keilrahmen, 100% Naturleinen, farblos grundiert, mind. 50 cm x 70 cm

10er Katzenzungenpinsel, Borste

10er Katzenzungenpinsel, synthetisch

Fächerpinsel, Borste

8er Spitzpinsel

Farben

Orange

Scharlachrot

Karminrot

Vandyckbraun

Schwarz

Gold

Massai

1 Mit dem Katzenzungenpinsel (Borste) setzen Sie die ersten schwungvollen Striche für die Gewänder der Nomaden in Orange auf die Leinwand. Malen Sie von rechts nach links, beginnen Sie mit viel Farbe im Pinsel und ziehen ihn dann in einem Bogen zur linken Seite. Dabei sollten Sie den Druck auf den Pinsel verringern.

2 Damit Ihr Bild räumliche Tiefe bekommt, setzen Sie in den Hintergrund noch drei weitere Figuren in dieser Technik ein.

3 Jetzt unterstreichen Sie die Form der Gewänder mit Scharlachrot. Dabei lassen Sie, wie abgebildet, für den Faltenwurf einige Bereiche in Orange stehen.

4 Diesen Vorgang wiederholen Sie mit Karminrot, dem Sie teilweise zum Abdunkeln etwas Vandyckbraun untermischen.

5 Mit einer Mischung aus Schwarz und Vandyckbraun formen Sie mit dem synthetischen Katzenzungenpinsel Köpfe, Arme und Beine aus. Achten Sie bei den Armen darauf, dass Ihre Figuren später einen Speer in der Hand halten sollen.

6 Nun geben Sie den Massai die Speere mit dem Spitzpinsel und etwas verdünntem Schwarz in die Hand. Dazu ziehen Sie den Speer immer von oben nach unten durch das Bild. Für die Speerspitze verstärken Sie einfach den Druck auf den Pinsel.

SKIZZE Für alle, die sich partout an einer Vorzeichnung orientieren wollen: Die Skizze finden Sie auf Seite 76.

ZWISCHENBILANZ So ungefähr sieht Ihr Bild inzwischen aus.

Massai

7 Die Figuren im Hintergrund sollen unter einer Schirmakazie stehen. Dafür legen Sie als Erstes das Baumgerüst mit dem Spitzpinsel in einer Mischung aus Vandyckbraun und Schwarz an.

8 Die Speere erhalten ein paar rote Federn in Karminrot.

BLATTMETALL STATT ACRYLFARBE Statt Acrylfarbe können Sie auch Blattmetall in Gold für den Schmuck der Massai verwenden. Damit erreichen Sie noch mehr Glanz. Wie das geht, erfahren Sie beispielsweise in Band 1 (TOPP 6200) und Band 7 (TOPP 6206) meiner Reihe.

9 Anschließend gestalten Sie mit dem Spitzpinsel den typischen Goldschmuck der Massai an Hals, Armen und Beinen. Beachten Sie dabei, dass die meisten Goldtöne nicht über genügend Deckungskraft verfügen. Tragen Sie deshalb die Farbe unbedingt pastos auf.

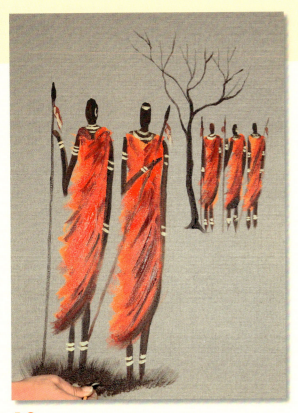

10 Damit die Massai nicht in der Luft schweben, ziehen Sie mit dem Fächerpinsel in Vandyckbraun von unten nach oben Gräser ein.

11 Zum Schluss tupfen Sie vorsichtig mit dem Fächerpinsel das Laub auf die Astenden der Schirmakazie.

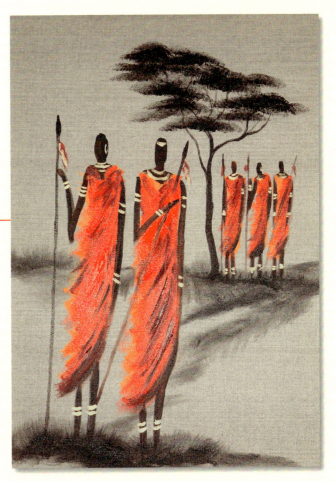

Spüren Sie, wie die heiße Luft der Savanne an den Gewändern der Massai zerrt? Probieren Sie dieses Motiv einfach mal aus und bewundernde Blicke aller Afrikaliebhaber werden Ihnen sicher sein.

Galerie

Exotische Motive bringen eine ganz besondere Stimmung in Ihre Wohnräume. Lassen Sie sich dadurch verzaubern!

MASSAI-KRIEGER Das Hauptmotiv zum Thema Massai habe ich auf Naturleinen gemalt. Aber es geht auch alternativ auf einer normalen weißen Leinwand. Feuchten Sie diese dafür zuerst an und färben Sie sie dann mit einem Schwamm in Orange und Indischgelb mit senkrechten Bewegungen ein. Damit ein lebendiger Hintergrund entsteht, sprühen Sie anschließend etwas Haushaltsreiniger darauf.

IN DER SERENGETI Und noch eine Variante auf Naturleinen. Schauen Sie mir beim Entstehen dieses Bildes auf der DVD über die Schulter.

BLICK IN DIE WÜSTE Es muss nicht immer ein Massai sein. Auch ein Stammesmitglied der Tuareg können Sie auf diese Weise sehr schnell auf die Leinwand bringen.

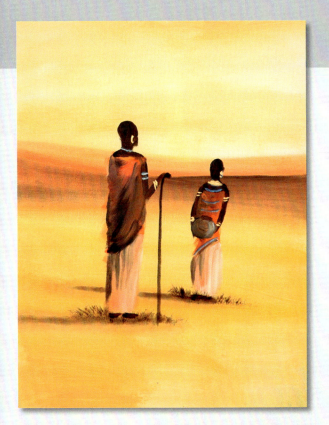

PLAUSCH Ein besonders reizvolles Motiv! Malen Sie auf diesen in zartem Neapelgelb, Terrakotta und Vandyckbraun ausgearbeiteten Hintergrund zwei Afrikaner, die sich zum Plausch mitten in der Sahara eingefunden haben.

NACH DER REGENZEIT Völlig verändert durch die Regenzeit sehen Sie hier eine sehr bunt ausgearbeitete Variante von Kriegern, die durch die ungewohnt grüne Savanne ziehen.

AN DER WASSERSTELLE Dieses ganz schlicht gehaltene Bild zeigt mehrere Afrikanerinnen am Morgen auf dem Weg zur Wasserstelle. Zuerst habe ich die Leinwand mit einem Haushaltsschwamm in Orange eingefärbt. Die Sonne entstand durch Aufdrücken eines kleinen zusammengeknüllten Tuchs, das ich um die eigene Achse gedreht habe. So konnte ich die noch feuchte Farbe des Hintergrundes abnehmen.

Fashion

WOLLTEN Sie nicht schon immer mal Ihre eigene Mode entwerfen? Mit diesem Thema können Sie Modeschöpfer sein und gleichzeitig ein dekoratives Bild gestalten. Egal welches Motiv Sie wählen – die flotte Dame am Strand, den gut aussehenden Dressman oder die sehnsüchtig in die Weite schauende Schiffsreisende an der Reling – diese Technik macht Ihnen bestimmt großen Spaß. Versuchen Sie es einfach mal.

Lernziele

Strichzeichnung mit edding paint marker

Lasurtechnik

Bewegung und Faltenwurf darstellen

Material

Keilrahmen, mind. 50 cm x 70 cm

Aquarellstift in Braun

edding paint marker oder ein anderer lichtbeständiger, feiner und wasserfester Filzstift in Schwarz

10er Katzenzungenpinsel, synthetisch

14er Katzenzungenpinsel, Borste

8er Spitzpinsel

Farben

 Titanweiß

 Orange

  Hautton

 Vandyckbraun

 Lichter Ocker

 Türkis

 Kadmiumgelb

Fashion

1 Zuerst malen Sie mit dem Aquarellstift die schwungvollen Striche der Modezeichnung (Skizze Seite 77) vor. Sie sehen, dass ich manche Linien am Kleid willkürlich etwas länger herausgezogen habe.

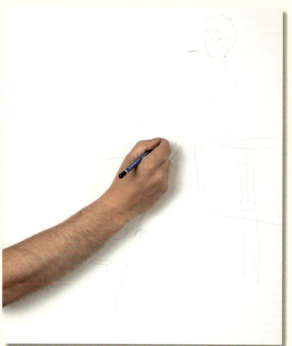

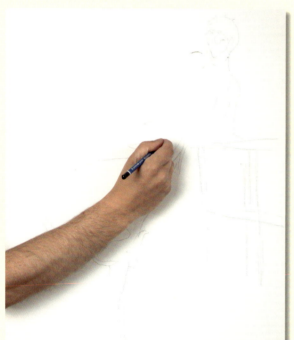

2 Nun zeichnen Sie mit flottem Strich die vorgezeichneten Linien mit dem Filzstift nach. Versuchen Sie dabei den Schwung dieser Linien locker aus dem Handgelenk heraus zu malen. Auch die Sonnenbrille wird gleich mitgestaltet.

3 Mit dem 10er Katzenzungenpinsel malen Sie vorsichtig die sichtbaren Hautflächen aus. Da Hautton deckend ist, dürfen Sie keinesfalls die bereits vorhandenen schwarzen Linien übermalen.

4 Nach einer kurzen Trockenpause arbeiten Sie die Schatten mit Vandyckbraun trocken in Granuliertechnik (siehe Seite 9) aus.

5 Jetzt widmen Sie sich der Kleidung. Für den Rock und für ein paar Streifen des Oberteils verwenden Sie Türkis. Die restlichen Streifen werden in Titanweiß ausgearbeitet. Den Schal färben Sie mit Kadmiumgelb ein.

6 Die Haare gestalten Sie mit Vandyckbraun, das Sie auch zum nochmaligen Nachschattieren der Hautpartien benutzen.

ZWISCHENBILANZ Nachdem Sie die Reling mit Lichtem Ocker und dem synthetischen Katzenzungenpinsel ausgeführt haben, sieht Ihr Bild inzwischen ungefähr so aus.

Fashion

7 Im nächsten Arbeitsschritt arbeiten Sie den Hintergrund wie abgebildet mit dem 14er Katzenzungenpinsel in einem leicht mit Wasser verdünnten Orange aus.

8 Anschließend gestalten Sie den Boden mit Lichtem Ocker und legen sofort Schatten in Vandyckbraun an.

9 Mit dem Spitzpinsel und etwas Titanweiß geben Sie Lichtpunkte auf die Brillengläser der jungen Dame.

10 Ebenfalls mit Titanweiß setzen Sie dann kleine weiße Punkte auf das Kleid.

11 Schließlich unterstreichen Sie den Faltenwurf des Schals und des schwingenden Rocks mit etwas Vandyckbraun in Granuliertechnik.

12 Da mir das Gesicht zu leer erschien, habe ich mich kurzerhand entschlossen, zuletzt den Mund mit dem Filzstift einzuzeichnen. Entscheiden Sie selbst, wie es Ihnen besser gefällt.

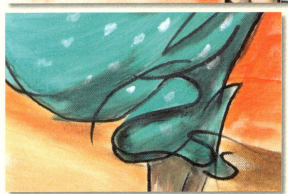

Wäre das nicht ein toller Auftakt für eine kleine Serie aus Ihrem privaten Modeatelier im Schlafzimmer oder auch im Flur?

Galerie

Modezeichnungen machen besonders viel Spaß! Hier können Sie schöpferisch tätig sein und gleichzeitig sehr dekorative Bilder entwerfen.

AUF DER PROMENADE Mit wehendem rotem Haar flaniert diese junge Dame in einem luftigen Sommerkleid in Magenta über die Promenade. Dabei ragt ihr Hut als Sonnenschutz weit über das Gesicht hinaus. Der Himmel ist in zartem Türkis gehalten.

SCHÖNLING Diesen Typ Mann (Skizze Seite 77) haben Sie bestimmt schon mal gesehen: Einen muskulösen Schönling gibt es einfach an jedem Strand! Offensichtlich sucht er die Umgebung nach einem geeigneten „Opfer" ab.

BADENIXE Von der Strandpromenade ist es nicht weit zum kühlen Nass. Hier bin ich dem Blumenmuster von dem Kleid auf der Promenade treu geblieben und habe meine Rothaarige einfach kniend in seichtes Wasser gesetzt.

HERBSTMODE Passend zur Kleidung ist der Hintergrund in den leuchtenden Farben des Herbsts gehalten. Das Model (Skizze Seite 77) scheint geradewegs auf uns zuzugehen. Es trägt einen Mantel in einem zarten Hauch von Preußischblau. Der in Magenta gehaltene Rollkragenpullover bietet dazu einen herrlichen Kontrast.

AM STRAND Die Entstehung dieser Arbeit zeige ich Ihnen auf der DVD Schritt für Schritt.

MISS ELEGANT Ganz schön frech und trotzdem elegant kommt diese Modezeichnung (Skizze Seite 77) in Maigrün herüber. Zum Abschattieren benutzte ich eine Mischung aus Preußischblau und Maigrün. Im Hintergrund formte ich mit grobem Strich eine Vase in Magenta heraus. Damit das Bild leichter wirkt, habe ich die Linien in schwungvollen Bogen auslaufen lassen.

Ich kenne keine ...

... BEINE, DIE SCHÖNER WÄR'N ALS DEINE,
DESHALB BEDAURE ICH ES FAST, DASS DU NUR ZWEIE HAST ...

DIESES köstliche Gedicht von Heinz Erhardt mit dem bezeichnenden Titel „Zu wenig"- inspirierte mich zu dem hier vorgestellten Arrangement. Die ungewöhnliche Bodenplastik sieht auch sehr dekorativ mit den Beinen einer Ballerina oder – ganz sportlich – mit Fußballerbeinen aus.

Lernziele

Perspektivisches Malen von Beinen

Aufbau einer Leinwandskulptur

Faltenwurf im Stoff ausarbeiten

Material

Keilrahmen, mind. 30 cm x 80 cm

Aquarellstift in Grau

10er Katzenzungenpinsel, synthetisch

12er Katzenzungenpinsel, Borste

8er Spitzpinsel, synthetisch

Farben

Titanweiß

Preußischblau

Hautton

Türkis

Scharlachrot

Schwarz

Vandyckbraun

Ich kenne keine ...

1 Nach der Vorzeichnung (Skizze Seite 78) beginnen Sie mit Hautton und dem 10er Katzenzungenpinsel die Beine in ihrer natürlichen Laufrichtung auszumalen. Achten Sie beim Ausmalen der Beine unbedingt auf einen sauberen Abschluss zum Rock und zu den Schuhen.

2 Nach einer Trockenzeit von ca. 10 Minuten legen Sie mit dem 12er Katzenzungenpinsel und einer Mischung aus Vandyckbraun und Hautton erste Schatten an den Beinen an. Auch hier bitte unbedingt auf einen exakten Abschluss zwischen dem vorderen und dem hinteren Bein achten!

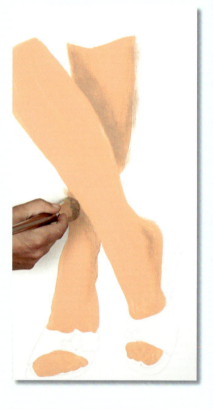

3 Während die Beine trocknen, arbeiten Sie die Pantoletten in Türkis aus. Auch hier sind harte Kanten an den Rändern wichtig. Deshalb verwenden Sie dafür den synthetischen Katzenzungenpinsel.

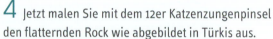

4 Jetzt malen Sie mit dem 12er Katzenzungenpinsel den flatternden Rock wie abgebildet in Türkis aus.

42

5 Unter das Türkis mischen Sie anschließend zum Abdunkeln etwas Preußischblau und schattieren damit den Faltenwurf. Dazu verwenden Sie den synthetischen Katzenzungenpinsel.

ZWISCHENBILANZ Nachdem das Bild getrocknet ist, sieht es inzwischen ungefähr so aus.

6 Nun legen Sie auf der Schattenseite (in diesem Fall rechts im Bild) mit der Mischung aus Preußischblau und Türkis auch auf den Pantoletten Schatten an.

7 Mit Vandyckbraun granulieren Sie zuerst die Brandsohle der Pantoletten und verstärken dann ebenfalls mit diesem Ton die Schatten an den Beinen.

8 Im nächsten Schritt lackieren Sie die Fußnägel mit dem Spitzpinsel und etwas Scharlachrot.

Ich kenne keine ...

9 Den Hintergrund arbeiten Sie mit Titanweiß und Mischungen aus Titanweiß und Schwarz mit kurzen Strichen und dem synthetischen Katzenzungenpinsel heraus. Auch hier müssen die Farbabschlüsse zu den Schuhen und Beinen sowie zum Rock mit harter Kante ausgearbeitet werden.

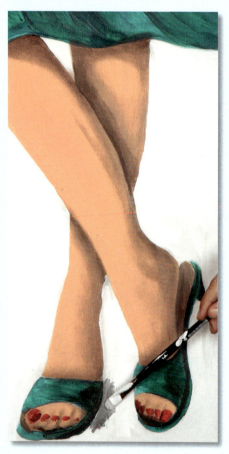

10 Nachdem Sie mit etwas Schwarz die Schuhe erneut abschattiert haben, legen Sie in einer Mischung aus Titanweiß und Schwarz Schatten in den Hintergrund. So erhalten Sie eine räumliche Tiefe.

Nach dem Aufsetzen einiger kleiner Lichtreflexe auf den Fußnägeln und den Pantoletten sind die Beine mit den türkisfarbenen Schuhen fertig. Sie können sie nun entweder als Einzelbild aufhängen oder die nächsten beiden Beinporträts in Angriff nehmen. Im Dreierpack wirken sie natürlich noch eindrucksvoller.

Galerie

Hätten Sie gedacht, dass Beine so ein reizvolles und vielseitiges Thema sein können? Suchen Sie doch mal Ihren Favoriten aus und interpretieren ihn neu.

ICH KENNE KEINE ... TEIL II
Hier habe ich das Kleid in Scharlachrot gehalten. Auch die Schuhe wurden im gleichen Ton ausgemalt. Das Abschattieren erfolgte mit einem Katzenzungenpinsel in Krapprot dunkel. Für die ganz tiefen Bereiche im Bild gab ich etwas Preußischblau hinzu. Die Skizze finden Sie auf Seite 78.

FUSSBALL Als ich über das Thema Beine nachdachte, war mir sofort klar, dass Fußballerbeine in Aktion nicht fehlen dürfen. Natürlich können Sie auch Varianten in den Farben Ihres Lieblingsvereins malen.

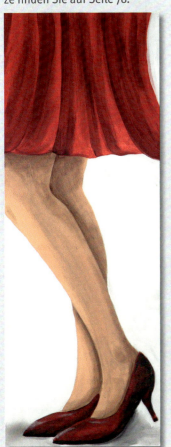

ICH KENNE KEINE ... TEIL III
Ein schwarzes freches Röckchen mit knautschigen Lederstiefeln ist die etwas frivole Variante (Skizze Seite 78) zu den beiden vorangegangenen Bildern. Achten Sie hier besonders auf den feinen Faltenwurf der Stiefel.

TANZ Wie wär's mit einer Dreier-Plastik mit tanzenden Beinen? Dieses Bild habe ich mit verschiedenen Stellungen und diversen balletttypischen Kleidungsstücken ausgestattet.

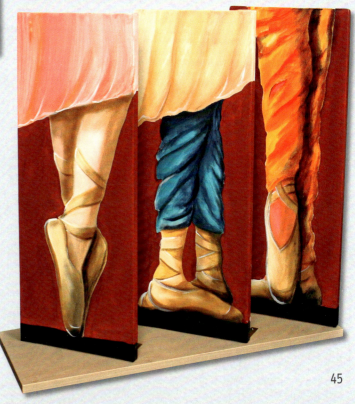

Auge – Nase – Mund

IN Anlehnung an die Plakatwandmalerei habe ich dieses interessante Motiv für Sie geschaffen. Bei der hier vorgestellten überdimensionalen Ausführung eines Gesichts konzentrieren Sie sich auf die elementaren Bestandteile Auge, Nase und Mund. Wahlweise können Sie alle drei Keilrahmen – so wie ich – parallel ausarbeiten oder nacheinander. Außerdem haben Sie die Möglichkeit, die Wandskulptur zu erweitern, beispielsweise mit einem Ohr oder dem zweiten Auge.

Lernziele

Großformatiges Ausarbeiten eines Gesichts

Wandplastik erstellen

3D-Wirkung durch zartes Abschattieren

Material

Keilrahmen in zwei Größen, z. B. 30 cm x 30 cm und 70 cm x 30 cm

Aquarellstift in Orange

2 Aluminiumverbindungen (inkl. Schrauben), z. B. MAXIMA Design-Verbindungen

Kreuzschlitzschraubenzieher

10er Katzenzungenpinsel, synthetisch

14er Katzenzungenpinsel, Borste

8er Spitzpinsel

Großer runder oder ovaler Borstenpinsel

Farben

 Titanweiß

 Vandyckbraun

 Hautton

 Coelinblau

 Lichter Ocker

 Phthaloblau

 Scharlachrot

 Maigrün

 Karminrot

 Schwarz

Auge – Nase – Mund

1 Zuerst verbinden Sie die Keilrahmen mit den Aluminiumträgern. Die dafür notwendigen Schrauben werden in der Regel vom Hersteller gleich mitgeliefert.

2 Nun zeichnen Sie mit dem Aquarellstift die Form von Auge, Nase und Mund auf. Achtung: Bei der Nase wird nur die Unterkante (siehe Skizze Seite 78) vorgezeichnet!

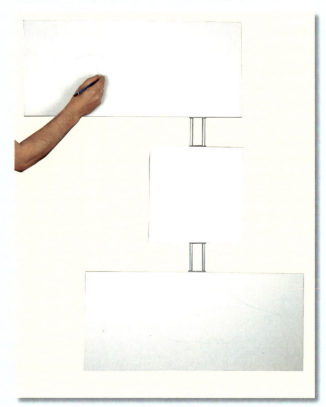

3 Mit Hautton und mit dem großen Borstenpinsel gestalten Sie die Gesichtsform. Dabei achten Sie darauf, dass Sie die Nase nicht zumalen. Links und rechts vom Nasenrücken arbeiten Sie eine leichte Schattierung in Hautton ein. Unter der Nasenspitze sollte der Farbauftrag – wie abgebildet – etwas kräftiger ausfallen.

4 Mit dem synthetischen Katzenzungenpinsel arbeiten Sie die Iris kreisförmig in Coelinblau aus. Damit Sie ein lebendiges Auge erhalten, gehen Sie dabei von außen nach innen vor.

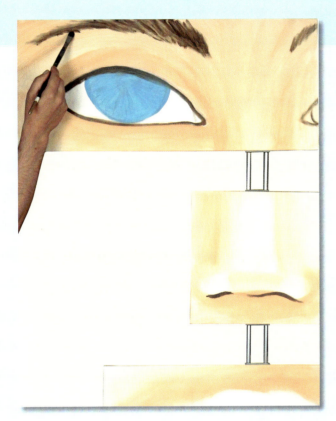

5 Für die dunklen Bereiche des Gesichts verwenden Sie Vandyckbraun. Achten Sie auf die Laufrichtung der Augenbraue!

6 Im gleichen Farbton, aber mit dem großen Borstenpinsel schattieren Sie dann das Augenlid, den Nasenrücken und die Nasenspitze ab.

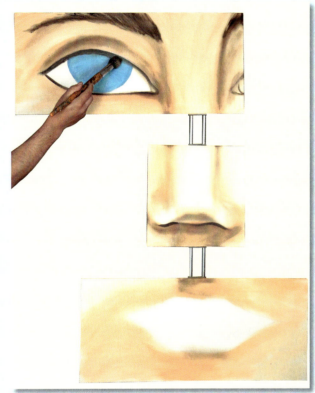

7 Während die Schatten trocknen, setzen Sie mit Schwarz die Pupille ins Auge.

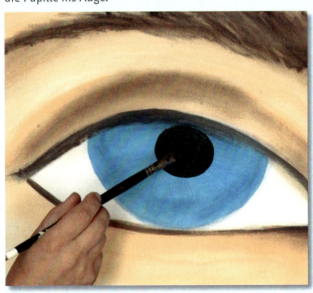

8 Die Mundform arbeiten Sie mit Scharlachrot heraus. Falls Sie hier nicht ganz exakt arbeiten, können Sie kleine Fehler später problemlos mit Abschattierungen kaschieren.

Auge – Nase – Mund

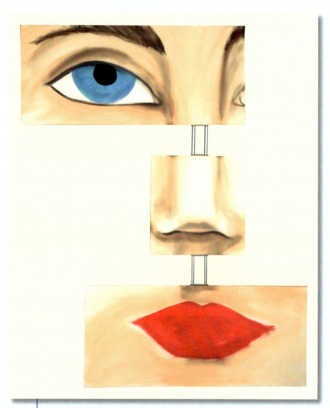

ZWISCHENBILANZ So ungefähr könnte Ihr Bild nun aussehen.

9 Jetzt verstärken Sie die Schatten mit Lichtem Ocker und Vandyckbraun in Granuliertechnik (siehe Seite 9). Damit erreichen Sie noch mehr Tiefe im Bild. Für die Iris verwenden Sie Phthaloblau.

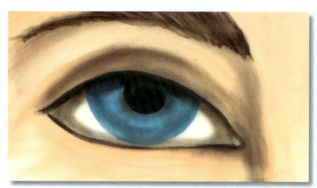

11 Nachdem Sie mit dem Spitzpinsel die Augenbraue und die Wimpern in Schwarz nachgezogen haben, granulieren Sie mit Karminrot die Form der Lippen heraus. Dabei können Sie etwaige Fehler bei der Lippenform korrigieren.

10 Dem Auge Lebendigkeit zu verleihen, das ist gar nicht so schwer. Dafür setzen Sie einen Lichtpunkt in Titanweiß an den Außenrand der Pupille sowie einen etwas kleineren an den Austritt des Tränenkanals. Außerdem tragen Sie zart granulierend etwas Lidschatten in einer Mischung aus Maigrün und Phthaloblau auf. Arbeiten Sie dabei immer in Laufrichtung des Augenlids.

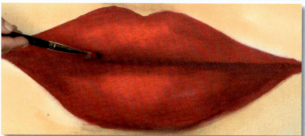

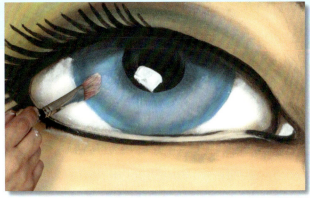

12 Mit dem 14er Katzenzungenpinsel und etwas Titanweiß hauchen Sie in Granuliertechnik der Iris und den Lippen ein wenig Licht ein.

13 Zum Schluss setzen Sie den Wimpern mit dem Spitzpinsel kleine Lichtreflexe auf. Falls Sie mit der Tiefenwirkung Ihres Bildes noch nicht zufrieden sind, können Sie etwaige Unstimmigkeiten mit Vandyckbraun ausgleichen.

Herzlichen Glückwunsch zu Ihrer ersten eigenen Plakatwand! Natürlich können Sie auch Ihre Partnerin oder Ihren Partner nach einem Foto in dieser Technik nacharbeiten. Oder lassen Sie sich von den Ideen auf der Galerieseite inspirieren.

Galerie

Mit den raffinierten Verbindungen schaffen Sie im Handumdrehen ausgefallene Bilder passend zu Ihrem Wohnraumambiente. Die modernen Metallstäbe gibt es in unterschiedlichen Größen und eignen sich für mannigfaltige Motive.

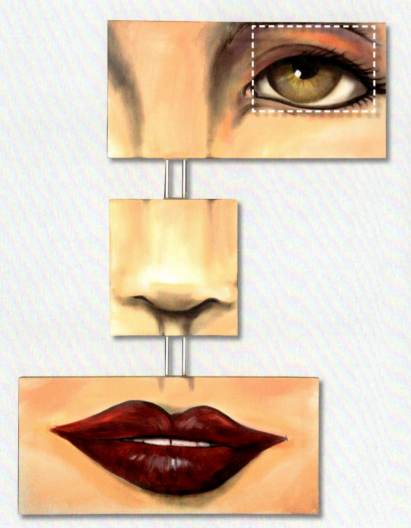

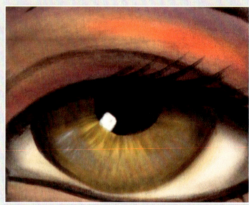

Die Augenfarbe ergab sich aus Mischungen von Maigrün und Lichtem Ocker, die in unterschiedlichen Schichten in das Auge eingearbeitet wurden. Als Kontrast legte ich den Lidschatten in einem zarten Violett an.

VERFÜHRUNG In der Ausführung gleicht diese Arbeit dem Bild „Auge – Nase – Mund". Hier habe ich jedoch die Keilrahmen so angeordnet, dass sich das Auge auf der rechten Seite befindet. Der leicht geöffnete Mund gibt dem Ganzen etwas Verführerisches.

FARBE STATT ALU Die Aluminiumverbindungen können Sie auch problemlos mit Sprühlack für Metall in einer passenden Farbe besprühen. Dann trocknen lassen und nach Anleitung montieren.

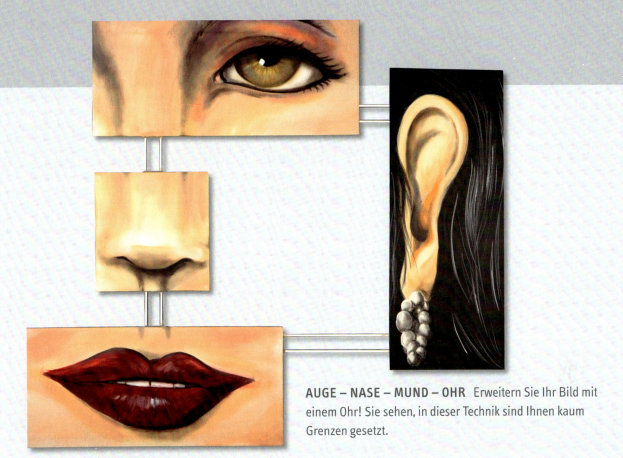

AUGE – NASE – MUND – OHR Erweitern Sie Ihr Bild mit einem Ohr! Sie sehen, in dieser Technik sind Ihnen kaum Grenzen gesetzt.

IN DER MITTE Ein Bild, das ganz bewusst auf Mittelachse gemalt ist. Für die Augen wählte ich einen Braunton, der im Lidschattenbereich zart mit Violett abgetönt wurde. Im Gegensatz zu „Auge – Nase – Mund" habe ich hier drei unterschiedliche Keilrahmenformate verwendet. Für die Augenpartie 100 cm x 40 cm, für die Nase 30 cm x 30 cm und der Mund fand auf einem Keilrahmen in der Größe 70 cm x 30 cm Platz.

Drei Mönche

MIT dieser mystischen Arbeit begebe ich mich in die farbenfrohe Welt buddhistischer Mönche. Die bewusst streng gehaltenen Formen der drei Figuren werden durch kreisrunde Farbpunkte aufgelöst. Auf diese Weise können Sie mit einer Vielzahl von Farben spielerisch ein Bild ausarbeiten. Auch andere Motive eignen sich hervorragend für diese Technik, z. B. drei gespenstische Gestalten oder ein Medizinmann. Übrigens wirken die drei Mönche mit weniger Farben ganz anders, aber ebenfalls sehr gut.

Lernziele

Einfacher Aufbau von Gesichtern

Farbkompositionen über Flächen erarbeiten

Auflösen strenger Formen durch Farbpunkte

Material

Keilrahmen, mind. 50 cm x 70 cm

Aquarellstift in Braun

10er Katzenzungenpinsel, synthetisch

Flachpinsel, synthetisch

Farben

Titanweiß · Orange · Ultramarinblau

Hautton · Scharlachrot · Violett

Lichter Ocker · Krapprot dunkel · Phthalogrün bläulich

Kadmiumgelb · Coelinblau · Schwarz

Indischgelb · Kobaltblau · Gold

Drei Mönche

1 Zuerst legen Sie die Vorzeichnung mit dem Aquarellstift an (Skizze Seite 79).

2 Mit dem Katzenzungenpinsel arbeiten Sie die Köpfe der Mönche in Hautton aus.

3 Nun beginnen Sie die Farbflächen der Gewänder auszufüllen. Dabei fangen Sie mit den hellen Tönen (hier Indischgelb und Orange) an.

4 Weiter geht es mit Scharlachrot, Krapprot dunkel und Violett. Für das Gewand der im Vordergrund stehenden Person ermischen Sie aus Titanweiß und Violett einen Fliederton.

ZWISCHENBILANZ So könnte Ihr Bild nun aussehen. Bevor Sie weiterarbeiten, lassen Sie das Bild ungefähr 10 Minuten trocknen.

5 Mit Lichtem Ocker legen Sie in Granuliertechnik (siehe Seite 9) jeweils einen zarten Schatten auf die linke Seite von Kopf und Hals. Auch Augen, Mund und Nase werden in diesem Farbton leicht ausschattiert.

6 Während die Gesichter trocknen, arbeiten Sie den Hintergrund heraus. Auch hier beginnen Sie mit den hellen Farbtönen, in diesem Fall mit Coelinblau.

7 Dann setzen Sie den hellen Farbtönen einen dunklen Farbton entgegen. Hier ist es Ultramarinblau.

ZWISCHENBILANZ Nachdem Sie sämtliche Hintergrundflächen mit Kobaltblau, Coelinblau, Ultramarinblau, Indischgelb und Phthalogrün bläulich ausgearbeitet haben, sieht Ihr Bild inzwischen so aus. Weitere 10 Minuten trocknen lassen.

Drei Mönche

8 Jetzt geht es mit Schwarz an die Umrisse der Köpfe. Auch die beiden freien Flächen im oberen Teil der Arbeit erhalten einen schwarzen Farbauftrag.

9 Mit dem Flachpinsel und einem Hauch Schwarz, dem Sie etwas Lichten Ocker untermischen, formen Sie noch mal die Gesichter heraus. Anschließend gut trocknen lassen.

10 Mit dem Flachpinsel, den Sie senkrecht auf das Bild aufsetzen, bringen Sie in kreisenden Bewegungen Farbpunkte auf. Beachten Sie dabei bitte, dass die meisten Acrylfarben lasierend sind. Die Anzahl der Punkte ist beliebig und hängt allein von Ihrem Geschmack ab!

Nach den letzten Korrekturen (in diesem Fall etwas Schwarz für den Mönch im Vordergrund und eine Orange-Gelbmischung für das Gewand des mittleren Mönchs) ist Ihre neue Arbeit fertig und wartet nur noch auf einen geeigneten Platz an der Wand.

Galerie

Durch ihre Farbigkeit und ihre Andersartigkeit faszinieren uns Bilder dieser Art. In vielen Völkerkundemuseen finden Sie geeignete Motive. Ein Besuch lohnt sich!

MEDIZINMANN Dieser afrikanische Medizinmann erinnert fast an eine Ethnomalerei. Die Farben des Gewands heben sich kräftig vom dunklen Hintergrund ab.

INDIANERFEST Hier marschieren bunt gekleidete Indianerinnen zum Indian Pow Wow, ihrem jährlich stattfindenden Fest: Lebensfreude in Farbe für das Auge!

GEISTERSTUNDE Fast sieht es so aus, als seien die drei Figuren einem Albtraum entsprungen. Fahle, bleiche Gesichter und Augen mit einem eigenartig leeren Gesichtsausdruck verleihen dieser Arbeit ihren Reiz. Damit sie nicht zu düster wirkt, habe ich zusätzlich einige farbenfrohe Punkte mit dem Flachpinsel aufgesetzt.

LAYLA

LAYLA – die Schöne der Nacht. Mit diesem orientalisch anmutenden Bild will ich Sie in die Welt von Sindbad dem Seefahrer entführen. Ein scheuer Blick hinter einem zarten Schleier und große dunkle Augen, die mit schwarzem Lidstrich hervorgehoben sind, haben mich zu diesem Bild inspiriert. Reizvolle Arbeiten entstehen jedoch auch, wenn Sie die Augen bei einem Porträt durch eine Sonnenbrille verdecken. Anregungen dazu finden Sie auf Seite 67.

Lernziele

Ausarbeiten von Augen- und Nasenpartie

Zarte Verläufe innerhalb der Gesichtspartie

Transparente Stoffe und Faltenwurf darstellen

Dunkle Hauttöne durch Granulieren erzeugen

Material

Keilrahmen, mind. 80 cm x 60 cm

Aquarellstift in Braun

Schwamm

10er Katzenzungenpinsel, synthetisch

8er Spitzpinsel, synthetisch

Großer runder oder ovaler Borstenpinsel

Farben

Titanweiß   Scharlachrot

Hautton   Krapprot dunkel

Lichter Ocker   Vandyckbraun

Orange   Schwarz

LAYLA

1 Mit dem Aquarellstift malen Sie zuerst die Vorzeichnung (Skizze Seite 79) auf die Leinwand.

2 Die Gesichtsfläche gestalten Sie mit dem großen Borstenpinsel in Hautton. Dabei granulieren Sie (siehe Seite 9) – wie abgebildet – bereits den zarten Schleier über der Mund- und Nasenpartie aus.

3 Um die Tiefe von Augen- und Nasenpartie zu erzielen, arbeiten Sie vorsichtig die Form in Lichtem Ocker heraus.

4 Mit etwas Vandyckbraun verstärken Sie diese Tiefe gleich im Anschluss. So erhalten Sie bereits in diesem frühen Stadium ein plastisches Gesicht.

5 Für die Augen verwenden Sie den Katzenzungenpinsel und malen mit der Schmalseite die Umrisse auf die Leinwand.

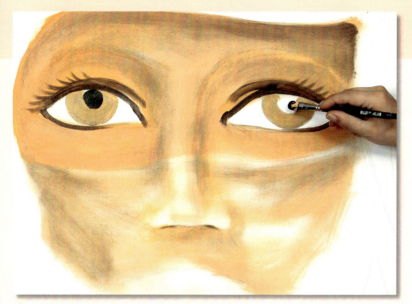

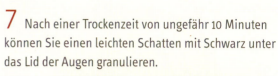

7 Nach einer Trockenzeit von ungefähr 10 Minuten können Sie einen leichten Schatten mit Schwarz unter das Lid der Augen granulieren.

6 Die Iris formen Sie mit Lichtem Ocker aus, die Pupillen mit Vandyckbraun.

9 Dann setzen Sie mit dem Spitzpinsel einen weißen Lichtpunkt auf die beiden Pupillen.

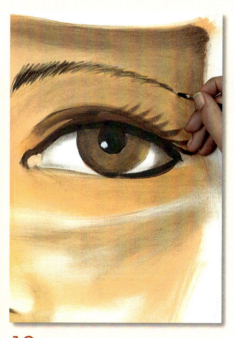

8 Damit das Auge auch in den Augenwinkeln rund erscheint, granulieren Sie vorsichtig mit ganz wenig Schwarz ein helles Grau. Außerdem geben Sie der Iris durch eine kleine Abschattierung etwas mehr Leben mit.

10 Mit flottem Strich ziehen Sie die Augenbrauen mit Vandyckbraun und dem Spitzpinsel ein.

63

LAYLA

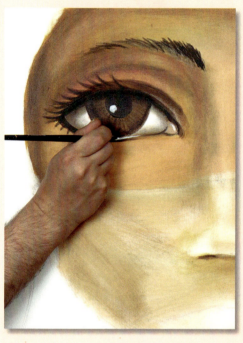

11 An die Oberkante des Unterlids setzen Sie hauchzart mit Titanweiß noch etwas Licht auf.

ZWISCHENBILANZ So sollte Ihr Bild nun aussehen.

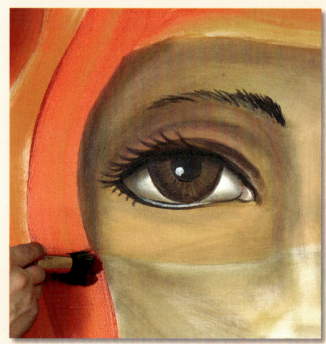

13 Nach einer kurzen Trockenzeit verstärken Sie diesen Faltenwurf mit Scharlachrot. Erneut trocknen lassen.

12 Das Kopftuch malen Sie mit dem großen Borstenpinsel in Orange aus. Achten Sie dabei auf den Faltenwurf des Stoffes!

64

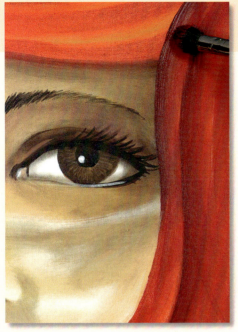

ZWISCHENBILANZ So lebendig und geheimnisvoll blickt Ihnen Layla inzwischen entgegen.

14 Jetzt können Sie die Tiefe der Falten vorsichtig mit Krapprot dunkel einarbeiten.

15 Mit etwas Orange verstärken Sie den zarten Schleier über der Nasenpartie.

16 Damit der Übergang zwischen Tuch und Gesicht verschwimmt, granulieren Sie mit Vandyckbraun die Schatten zwischen Tuch und Gesicht heraus.

LAYLA

17 Die Fransen an der Oberkante des Tuchs gestalten Sie mit dem Katzenzungenpinsel in Scharlachrot und Krapprot dunkel.

18 Anschließend granulieren Sie mit dem Katzenzungenpinsel leichte Schatten auf der rechten Seite der Fransen.

19 Damit die Struktur des zarten Schleiers noch realistischer wirkt, reiben Sie mit der Scheuerseite des leicht angefeuchteten Schwamms vorsichtig etwas Farbe herunter. Diese angelöste Farbe tragen Sie dann mit der weichen Schwammseite ab.

Wetten, dass dieses faszinierende Bild alle Betrachter in seinen Bann schlägt? Probieren Sie es aus!

Galerie

Häufig wirken gerade Gesichter, die nicht vollständig zu sehen sind, besonders interessant. Hier zeige ich Ihnen auch Beispiele, wie Sie raffiniert die Augen verdecken und sich so ganz einfach um das Malen dieses sonst so bedeutenden Details herummogeln können.

LADY Ein attraktives Motiv! Hier fungiert der Hut quasi als Schleier und verdeckt den Blick der eleganten Dame.

INDIGO SELBST ERMISCHEN Sie müssen nicht zwingend einen Indigo-Farbton kaufen, sondern können ihn auch problemlos – wie ich es gemacht habe – mit Preußischblau und etwas Schwarz selbst ermischen.

LADY IN GRÜN Dieses Bild bezieht seine Spannung aus dem ungewöhnlichen Ausschnitt, dem tief ins Gesicht gezogenen Hut und der markanten Sonnenbrille. Und noch ein kleiner Gag: die Skyline der Stadt spiegelt sich ganz zart in Weiß auf dem Brillenglas wider.

INDIGO Hier sehen Sie einen Vertreter der Tuareg, die auch „Das blaue Volk" genannt werden, da sie ihre Kleidung mit Indigo färben. Er hat die Augen wegen der starken Sonne zusammengekniffen und sich zum Schutz vor dem Wüstensand ein Tuch über die Nase gezogen.

James Dean

IN Filmen wie „Jenseits von Eden", „... denn sie wissen nicht, was sie tun" und „Giganten" begeisterte James Dean, der auf tragische Weise bei einem Autounfall ums Leben kam, die Kinobesucher und wurde zur Filmlegende. Von Charlie Chaplin über Oliver Hardy bis zu Marilyn Monroe und Audrey Hepburn bieten uns alte Starfotos eine Riesenauswahl an Vorlagen. Sie können natürlich auch Fotos Ihrer Familienmitglieder verwenden und sie auf diese Weise zum Star machen.

Lernziele

Übertragen von Fotos auf die Leinwand

Lasurtechnik

Mit zwei Farben arbeiten

Material

Keilrahmen, mind. 50 cm x 50 cm

Aquarellstift in Grau

14er Katzenzungenpinsel, Borste

8er Spitzpinsel, synthetisch

Farben

Titanweiß

Schwarz

James Dean

1 Wie immer beginnen Sie mit der Vorzeichnung (Skizze Seite 79), hier in Grau.

2 Zuerst arbeiten Sie mit dem Spitzpinsel und verdünntem Schwarz lasierend die Nase und die Augen aus. Dabei achten Sie darauf, dass die Pupillen, die Augenform und die Nasenlöcher etwas stärker hervorgehoben werden.

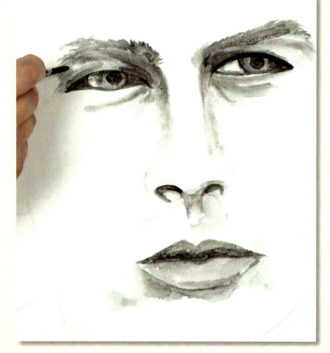

3 Genauso gestalten Sie die Augenbrauen, die Schatten unter den Augen und die Lippen.

4 Nun modellieren Sie die Ohren und Haare mit dem Spitzpinsel heraus. Achtung: Malen Sie bloß nicht die Lichter im Haar zu!

VORZEICHNUNG MAL ANDERS Auf der DVD sehen Sie, wie einfach das Übertragen eines Schwarz-Weiß-Fotos auf die Leinwand mit einem Beamer geht. Alternativ können Sie auch einen Diaprojektor oder ein Episkop benutzen.

5 Während die Gesichtspartie trocknet, wenden Sie sich der dunklen Jacke und dem Hemd zu. Für die Jacke verwenden Sie unverdünntes Schwarz.

6 Jetzt granulieren Sie (siehe Seite 9) mit dem Katzenzungenpinsel die Schatten des Cowboyhuts heraus. Dabei arbeiten Sie vom dunklen zum hellen Bereich.

7 Auch der Hals und das Hemd erhalten mit ganz wenig Schwarz Schatten in Granuliertechnik.

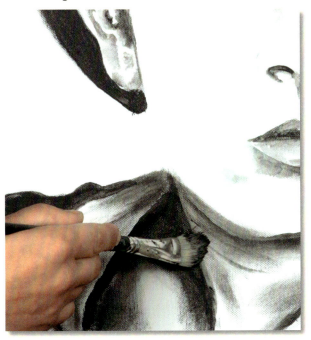

8 Durch die Schatten im Gesicht und am Haaransatz nimmt der junge Rebell allmählich Form an.

James Dean

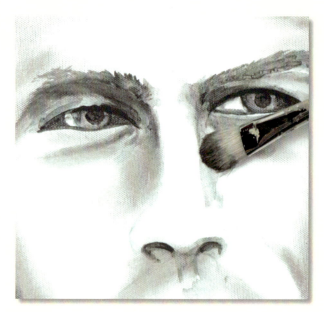

9 Ganz wichtig beim Abschattieren ist das vorsichtige Herausarbeiten des Nasenrückens.

10 Damit die Nase optisch weiter nach vorne rückt, granulieren Sie die Unterkante etwas dunkler aus.

ZWISCHENBILANZ Nachdem Sie den Übergang zwischen den Haaren und dem Hut dunkel abschattiert haben, wirkt das Gesicht schon sehr schön plastisch.

11 Den Hintergrund arbeiten Sie mit dem Katzenzungenpinsel heraus. Achten Sie darauf, dass dabei eine harte Kante zwischen Hut und Hintergrund entsteht.

12 Anschließend legen Sie einige letzte feine Schattierungen mit Schwarz an.

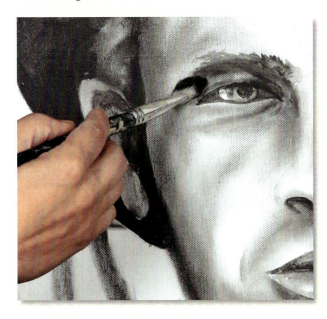

13 Für die Lichter auf den Pupillen nehmen Sie etwas Titanweiß auf den Spitzpinsel. Genauso arbeiten Sie auch einige Haarsträhnen aus.

Wie wäre es, wenn Sie mit diesem eindrucksvollen Porträt von James Dean eine kleine Bildergalerie Ihrer persönlichen Kinohelden eröffnen würden? Einige Anregungen dazu finden Sie auf den folgenden Seiten.

14 Zuletzt setzen Sie noch entsprechend der Schwarz-Weiß-Vorlage einige zarte Lichter mit dem Spitzpinsel auf.

Galerie

Kaum zu glauben, wie eindrucksvoll Porträts mit nur zwei Farben wirken. Hier noch ein paar Anregungen zum Thema Filmlegende.

CHARLIE CHAPLIN Der Superstar des Stummfilms war einfach ein Muss für mich! Er selbst entwickelte die Rolle des Tramps, die ihn weltberühmt machte und ihm einen enormen Reichtum bescherte. Die Bildvorlage hat aufgrund der reduzierten fotografischen Möglichkeiten dieser Zeit nur wenige feine Verläufe.

STAN LAUREL Durch seine künstlerische Partnerschaft mit Oliver Hardy wurde Stan weltberühmt. Noch heute gelten die beiden als das wohl bekannteste komische Duo der Filmgeschichte. Als Vorlage diente mir eine alte Autogrammkarte. Da damals das Filmmaterial noch nicht so fein gekörnt war, ergaben sich auch beim Arbeiten auf der Leinwand größere helle Bereiche.

OLIVER HARDY Weil Dick und Doof einfach untrennbar zusammengehören, habe ich natürlich auch Ollie in der gleichen Technik wie Stan ausgearbeitet.

MARYLIN MONROE Keine andere Frau verkörperte das Sinnbild einer Blondine besser als „MM". Bei diesem Porträt habe ich die Farbe viel sparsamer als bei James Dean eingesetzt. Um den luftigen Look einer Dauerwelle darzustellen, werden die einzelnen Haarsträhnen sorgfältig mit einem Spitzpinsel herausgearbeitet.

AUDREY HEPBURN Die grazile Schauspielerin stellte im Hollywood der 1950er einen willkommenen Kontrast zu dem üppigen Schönheitsideal einer Marilyn Monroe dar. Mit ihren großen dunklen Augen und ihrer fast knabenhaften Figur war Audrey Hepburn der Inbegriff von Unschuld. Auf der DVD zeige ich Ihnen anhand dieses Bildes genau die Technik, in der alle Moviestars ausgearbeitet sind.

SELBSTPORTRÄT MARTIN THOMAS Da ich auf der DVD die Hauptrolle spiele, habe ich mich ganz frech in die Reihe der Filmstars integriert. Damit sich das Porträt jedoch von den richtigen Stars unterscheidet, wurde es in Haut- und Brauntönen gemalt. Sie sehen, es muss nicht immer ein Promi sein. Schauen Sie doch einfach mal in dem Fundus Ihrer Fotos nach passenden Motiven.

Skizzen

The Face
Seite 16

Green Hair
Seite 23

Massai
Seite 24

Fashion
Seite 32

Schönling
Seite 38

Herbstmode
Seite 39

Miss Elegant
Seite 39

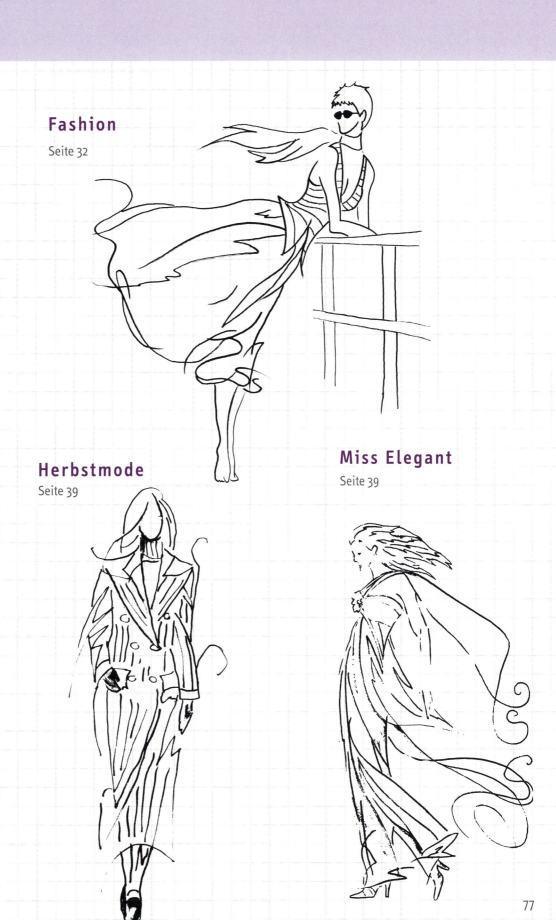

Skizzen

Ich kenne keine ...
Teil II

Seite 45

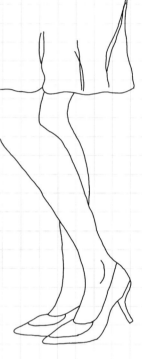

Ich kenne keine ...

Seite 40

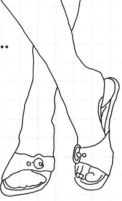

Ich kenne keine ...
Teil III

Seite 45

Auge – Nase – Mund

Seite 46

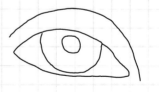

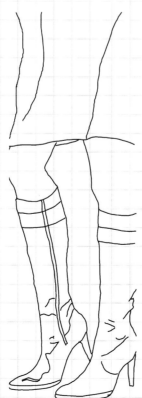

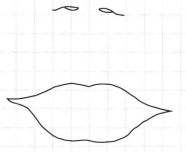

Drei Mönche
Seite 54

Layla
Seite 60

James Dean
Seite 68

Der Autor

Martin Thomas ist seit über 25 Jahren in den Bereichen Illustration und Malerei tätig, seit einigen Jahren verstärkt in der Acrylmalerei. Hauptschwerpunkte seiner Arbeit bilden Kurse und Veranstaltungen zur freien Malerei im deutschsprachigen Raum. Auch im Ausland führte er erfolgreich Schulungen durch und verwirklichte Ausstellungen mit seinen Arbeiten, z. B. in den USA, in England, Belgien und der Schweiz.

Sein Profi-Wissen an die Kursteilnehmer weiterzugeben, ist sein Ziel. Bereits über 25 000 Teilnehmern hat er so den Umgang mit Leinwand, Pinsel und Farbe beigebracht. Wichtiger als die Technik ist ihm jedoch der Spaß an der Malerei, den er vermitteln möchte. Nach Stationen in Heidelberg, Hamburg, Dortmund und San Diego (USA) lebt und arbeitet Martin Thomas in Heilbronn am Neckar.

Der Malkurs mit System

IMPRESSUM

An dieser Stelle möchte ich allen danken, die mich mit Rat, Tat und Unterstützung jeglicher Art bei der Entstehung dieses Buches und der dazugehörigen DVD begleiteten.

KONZEPT UND PROJEKTLEITUNG: Dr. Christiane Voigt
REDAKTION, LEKTORAT UND DREHBUCH DVD: Petra-Marion Niethammer, Ludwigsburg
GESTALTUNG: Petra Theilfarth (Umschlag und Layout); Arnold & Domnick, Leipzig (Inhalt)
FOTOS: frechverlag GmbH, 70499 Stuttgart; privat: Seite 3; Fotostudio Ullrich & Co., Renningen: Aufmacherfotos sowie Seite 3, 6, 10; alle anderen Fotos: Martin Thomas
DRUCK UND BINDUNG: Himmer AG, Augsburg

Materialangaben und Arbeitshinweise in diesem Buch wurden von dem Autor und den Mitarbeitern des Verlags sorgfältig geprüft. Eine Garantie wird jedoch nicht übernommen. Autor und Verlag können für eventuell auftretende Fehler oder Schäden nicht haftbar gemacht werden. Das Werk und die darin gezeigten Modelle sind urheberrechtlich geschützt. Die Vervielfältigung und Verbreitung ist, außer für private, nicht kommerzielle Zwecke, untersagt und wird zivil- und strafrechtlich verfolgt. Dies gilt insbesondere für eine Verbreitung des Werkes durch Fotokopien, Film, Funk und Fernsehen, elektronische Medien und Internet sowie für eine gewerbliche Nutzung der gezeigten Modelle. Bei Verwendung im Unterricht und in Kursen ist auf dieses Buch hinzuweisen.

4. Auflage 2011   PRINTED IN GERMANY
© 2011 frechverlag GmbH, 70499 Stuttgart
ISBN 978-3-7724-6207-8 · Best.-Nr. 6207

DVD
ca. 2,5 Stunden

Auf der beigelegten DVD können Sie mir beim Malen über die Schulter schauen. Anhand von vier Motiven folgen Sie mir auf dem Weg von der noch leeren Leinwand bis hin zum fertigen Bild – vom Auftragen der ersten Farbschicht bis zum letzten Pinselstrich und Feinschliff. Sie sehen, wie einfach man ein Foto auf den Keilrahmen übertragen kann, Augen, Mund und Nase ausarbeitet und Figuren ganz schnell mit dem Colour shaper gestaltet. Darüber hinaus verrate ich Ihnen jede Menge Profi-Tricks für das Malen von Menschen und Gesichtern.

Wissenswertes
- Grundsätzliches zum Malen eines Gesichts
- Der Banjospieler – Menschen mal anders darstellen
- Vom Foto zur Vorzeichnung

Motiv 1: „Green Hair" – Variante zu „The Face"
- Vorzeichnung mit Aquarellstift
- Gesicht mit Indischgelb grundieren
- Nasen- und Kinnpartie mit Orange ausarbeiten
- Weitere Farbflächen ausfüllen
- Augen und Mund anlegen
- Konturen und Iris mit Schwarz gestalten
- Zweiter Farbauftrag für die Lippen
- Weiße Lichtpunkte aufsetzen

Motiv 2: „In der Serengeti" – Variante zu „Massai"
- Gewänder in Orange anlegen
- Zweiter Farbauftrag mit Scharlachrot
- Dritter Farbauftrag mit Karminrot
- Köpfe, Arme und Beine gestalten
- Schirmakazie und Gräser einziehen
- Speere mit dem Spitzpinsel einfügen
- Goldene Akzente setzen

Motiv 4: „Audrey Hepburn" – Variante zu „James Dean"
- Augenpartie, Nase und Mund anlegen
- Erste Lichtreflexe und Schattierungen
- Pullover mit zwei Pinseln gestalten
- Gesicht bzw. Kopf zart abschatten
- Haare formen und ausarbeiten
- Letzte Schatten betonen, Ohrring vorbereiten
- Mit dem Spitzpinsel weiße Highlights setzen
- Hintergrund in zartem Grau einfärben

Motiv 3: „Am Strand" – „Fashion" variiert
- Vorskizzierte Linien mit Filzstift nachziehen
- Flächen mit Hautton anlegen
- Schatten in Granuliertechnik
- Stoff zweifarbig ausarbeiten
- Mit Schwarz hauchzarte Schatten gestalten
- Details und letzte Korrekturen mit dem Spitzpinsel
- Sparsames Kolorieren des Hintergrunds

Zu jedem Motiv gibt es auf der DVD auch eine Ideen-Galerie.